하루 한 장,
역설의 가르침 365

하루 한 장,
역설의 가르침 365

초판 1쇄 발행 2024년 8월 5일

지은이 천공
펴낸이 정성욱
펴낸곳 더소울

편집 정성욱
마케팅 정민혁

출판신고 2022년 3월 29일 제 2022-000060호
전화 02)732-2530 | FAX 02)732-2531
이메일 jspoem2002@naver.com

여러분의 소중한 원고를 기다립니다.
jspoem2002@naver.com

하루 한 장,
역설의 가르침
365

| 천공 지음 |

더
소울

역설, 그 모순 속의 진리를 찾아서

십여 년 동안 유튜브를 통해 강연했던 법문 영상이 어느새 13,000여 개나 되었다. 그 사이 정법을 공부하시는 분들이 호주, 이탈리아, 미국, 일본 등 전 세계적으로 많이 늘어났다. 내 강연을 듣는 분들이 많이 생겼다는 건 고무적인 일이기도 하다.

하지만 유튜브의 강연이 아무리 좋다고 해도 그 내용이 너무 방대해 이것을 모두 듣고 소화 시키기에는 상당한 어려움이 있다는 의견을 주위로부터 듣게 되어 고민 끝에 그 많은 법문 가운데에서 가장 핵심적인 부분만을 뽑아 이번에 책으로 펴내게 되었다.

그런데 내가 이 책을 통해 반드시 밝히고 싶은 사실 하나가 있다. 정치권 일각에서는 나를 역술인, 무속인이라고 말하고 있으나 단언컨대, 나는 역술인이나 무속인이 절대로 아니다. 다만 인생의 답을 찾지 못해 아직도 힘든 환경 속에서 살아가시는 분들에게 바른 법을 일러 주어 그분들이 바르게 성장할 수 있도록 인도해 주는 사람일 뿐이다.

그리고 나에게 도움과 배움을 청하시는 분들이 계시면 무조건 만났다. 그 속엔 기업인, 총수, 중소기업인, 정치인, 교수, 상인, 운전기사 심지어 스님과 목사 등 종교인들도 계셨다. 신분 고하를 막론하고 언제든지 도움을 청하면 기꺼이 달려갔다. 그분들이 나를 만나고 돌아갈 때면, 마치 인생의 해답을 얻은 듯이 얼굴에 미소가 가득했다. 이건 무얼 말하겠는가?

지금 좌파 정치인들은 현 정권에 프레임을 덮어씌워 권력을 쟁취하기 위해 나를 끌어들이고 있지만, 나는 사실 정치권과는 손톱만큼도 관련이 없다. 더 이상 나를 그 비열하고 더러운 곳으로 끌어들이지 않기를 거듭 당부한다.

우리가 사는 세계는 단순하지 않고 거미줄처럼 복잡하다. 이런 시대에 나의 역설은 단순한 이분법적 생각을 뛰어넘어, 개인의 사고를 자극하여 눈앞에서 일어나는 현상들을 창의적으로 이해하고 해석하는 과정에서 생겨난 지혜는 물론 신중함과 겸손함도 아울러 얻게 해 줄 것이다. 그뿐만 아니라 우리의 뇌를 장악하고 있는 기존의 그릇된 상식을 깨뜨려 비판적 사고를 강화하고, 잘못된 정보나 편견에 대해 의문을 가지고 면밀하게 검토하도록 도와 줄 것이다.

그러므로 이 책은 역설의 모순 속에 숨어 있는 참된

진리를 찾아 나선 한 선지식의 통찰과 역설이 짧은 명언 속에 온전히 숨 쉬고 있기에 심오한 진리의 압축이라 할 수 있다. 만약 당신이 하루 하나씩 읽고 비문처럼 가슴에 새겨 이 진리의 법을 온전히 깨닫게 된다면, 그 순간 삶에 대한 깊은 통찰과 지혜를 얻게 되어 당신의 미래가 한순간 바뀌게 될 것이다.

2024 7. 25
천공天空

차례

1장

대자연의 진리는
결코 바뀌지 않는다

January

1

**지식은 끊임없이 변화하지만
진리의 근본은 변하지 않는다.**

법과 진리는 강한 것처럼 보이지만
모든 이에게 스며든 것처럼 둥글다.

January

3

**대자연은 단 0.1mm도
잘못 운용하지 않는다.
지금 이 순간에도
대자연은 너를 지켜보고 있다.**

4

천국과 지옥은
인간이 만들어낸 것일 뿐,
내가 있다고 생각하면 있고,
없다고 생각하면 없다.

상식의 틀에 갇히면
자연의 이치를 볼 수 없다.
상식을 깨야만 그 이치를 바르게 볼 수 있다.

January

6

인간의 몸과 영혼은 에너지다.
그 에너지를 어떻게 쓰느냐에 따라
성공과 실패가 갈라진다.

January

7

**남 탓하는 만큼
너의 환경이 한 계단씩 떨어진다.**

January

8

사회는 돈을 벌기 위해 있는 곳이 아니라
나의 성장을 위해 활동하는 곳이다.

생각 하나가 나를 바꾸고,
이 사회를 바꾸고,
우주를 움직이게 한다.

January
10

자연은 3:7의 법칙으로
정확하게 움직인다.
이것이 대자연의 운용 법칙이다.

January

11

**사기를 당했다면
그 환경을 만든
나의 욕심부터 찾아라.**

January

12

**대자연은 누구한테도
용서할 자격을 주지 않았다.**

January

13

사람이 사람을 용서할 수 없다.
용서로 객기를 부리면 더 큰 아픔이 온다.
상대를 잘못한 사람으로 만들지 마라.

불평 불만하지 마라.
불평 불만할수록
나에게 더 큰 아픔이 온다.

January

15

**이념이 바로 선 자는
그 어떤 어려움이 닥쳐도
이겨낼 수 있다.**

사람이 배움을 멈추는 것은
지식에 대한 자만심 때문이다.
잘나가던 사람이 성장을 멈추는 것도
이러한 어리석은 생각 때문이다.

지식이 아무리 풍부해도
상대를 이해시키지 못한다면
아무런 소용이 없다.

불평불만이 일어날 때
그 원인이 무엇인지를 연구해야
발전할 수 있다.

**겸손한 사람일수록
내면이 성숙한 사람이다.
겸손이 곧 수행의 척도다.**

January

20

**생각의 질이 낮고
실력이 부족한 사람일수록
화를 자주 낸다.**

January

21

불의라고 판단하고 함부로 나서지 마라.
세상에 잘못된 일은 하나도 없다.
일어날 일이 일어나는 것이다.

January

22

아픔이 내게 왔을 때
삶의 방식을 바꾸지 않으면
그 어떤 치료도 임시방편일 뿐이다.

**어떤 일이 반복되어 보이고 들린다면
나에게 그 일이 생길 시그널이다.**

한 번 욕을 들었다면
두 번, 세 번, 또 듣게 되어 있다.
빨리 반성하라.
이것이 자기 공부이다.

January

25

**사기를 당한 것은
나의 어리석음을 일깨우기 위함이다.**

January

26

죽으려고 생각하는 사람은
할 일이 없기 때문이다.

January

27

남을 가르치려 들지 마라.
지금은 지식을 나누는 시대이지
누가 누구를 가르치는 시대가 아니다.

January

28

실수했다면 빨리 인정하라.
전화위복이 되어 삶이 더 좋아진다.

질량 있는 말을 하면
좋은 사람이 모이게 되어
삶이 풍요로워진다.

January

30

**사회가 필요로 하는 일을 하면
나에게 필요한 경제는 저절로 온다.**

January

31

생활도生活道란
생활 속에서
바른길을 찾아가기 위해
노력하는 자기 공부이다.

February

1

해맞이는
개인의 소망을 비는 자리가 아니라,
더 큰 목적을 위한 자리다.
내 가정의 번영은 집에서 빌어도 충분하다.

덕담 한마디가 한 해를 좌우한다.
누구에게 덕담을 받느냐가 그만큼 중요하다.

3

나라는 존재는 대자연의 주인이다.
나는 이 세상에서 가장 귀한 존재이다.

February

4

한자리에만 머물지 마라.
진행하지 않으면
어떤 일도 일어나지 않는다.

**불평불만이 일어나는 것은
내가 실력을 갖추지 못했기 때문이다.**

상식의 틀에 갇히면
세상의 이치를 똑바로 볼 수 없다.

February

7

내 삶이 힘들고 어려운 이유는
스승을 만나지 못해서이다.
지금이라도 나를 바르게 이끌어줄
스승을 찾아라.

운과 복은 근본적으로 다르다.
운은 전생의 공덕으로 받는 것이고
복은 현생에서 노력한 대가이다.

돈을 제대로 쓰면 열 배로 들어오지만
돈을 함부로 쓰면 열 배로 나간다.
돈의 이동에는 반드시 명분이 있어야 한다.

February

10

돈은 잘 쓰기 위해 버는 것이다.
쓰지 않고 쌓아두기만 하면
반드시 누군가가 가지러 온다.

February

11

물질로 부모의 은혜를 갚으려 하지 마라.
진정한 효는 자식이 즐겁게 사는 것이다.

February

12

한국의 경제가 돌아가는 것은
정치인이 잘해서가 아니라
국민의 노력과 희생 때문임을 잊지 마라.

February

13

지금 이 사회에는
진정한 어른이 없다.

February

14

**기업이 제대로 성장하려면
인성 교육이 먼저 되어야 한다.**

February

15

**모순이 없으면
절대 '정正'을 찾을 수 없다.
이 세상에 필요 없이 만들어진 것은
단 하나도 없다.**

February

16

내 생각을 주장하지 않고
의논하는 것이 대화의 근본이다.

**그 어떤 것도 행하지 않으면
아무런 의미가 없다.**

출세와 성공은 다르다.
부와 권력을 가진 것이 성공이 아니고
상대에게 존경받는 것이 성공이다.

February

19

지금은 지식의 말이 아닌
진리의 말이 법이 되는 시대이다.
진리로 하는 말은 반드시 이루어진다.

February

20

**내 앞에 있는 사람이 부처다.
돌한테 절하지 마라.**

공부하는 자는 알고도 몰라야 한다.

가난은 죄다.
가난한 이를 물질로만 돕지 말고
가난할 수밖에 없는 이유를 스스로 찾게 하라.

February

23

**돈을 잘 운용하는 자가
돈을 더 크게 움직인다.**

이념을 가진 자와
이념이 없는 자는
출발점이 같아도
종착점은 하늘과 땅 차이다.

종교가 존재하는 이유는
천국에 가기 위함이 아니라,
현재의 삶을 바르게 살기 위한
교육이 목적이 되어야 한다.

February

26

말은 들어야 할 자리가 있고,
말을 해야 할 자리가 있다.

February

27

말은 내가 하는 것이지만
받아들이는 것은 상대다.
진정한 대화는 상대를 이해시키는 것이다.

February

28

**참된 스승은
상대의 질량에 맞는
가르침을 주는 사람이다.**

March

1

나의 말을 상대가 이해하지 못한다면
상대의 실력이 부족한 것이 아니라
내 실력이 부족한 것이다.

화를 내는 것은
내 실력이 부족한 것임을 알아야 한다.

March

3

**좋은 인연을 맺으려면
상대를 존중해야 한다.**

March

4

**경청은 관계의 시작이자
대화의 근본이다.**

March

5

내 육신이 이 세상을 살아가고 있지만
사실은 내 영혼이 이 세상을 살고 있는 것이다.
삶의 목적은 영혼의 성장을 위함이다.

March

6

착하게 살지 마라.
착하게 산 사람이 어려워진 데에는 이유가 있다.
바른 분별로 살아간다면
삶은 절대 어려워지지 않는다.

March

7

대자연의 물질 에너지가 하느님이다.

March

8

집착은 놓는다고 해서 놓아지는 것이 아니다.
무슨 일이든 이해가 되면 저절로 사라진다.

March

9

내가 듣고 보는 것은
내 자유가 아니라 자연이 주는 것이다.
하지만 내가 행동하는 것은
내 의지에 따른 것이다.

지식을 갖추어 이해의 폭을 넓히면
상대에 대한 모든 편견도 저절로 사라진다.

**어제의 정보로
오늘 그 사람을 대하지 마라.**

March

12

전생의 나를 찾는 것에 묶여있지 말고,
지금의 나를 찾아라.

**땅덩어리가 넓다고 해서 대국이 아니라
사람의 품성이 넓어야 대국이 된다.**

대한민국의 미래가 없다고 말하는 자는
대한민국에 있을 자격이 없다.

March

15

**감언이설이란 없다.
상대의 말을
내가 분별하지 못해 당하는 것이다.**

March

16

**스스로 잘난 척을 했으면
그 대가를 반드시 지불해야 한다.**

March

17

상생은 상대를 위해서
내가 먼저 행했을 때
비로소 이루어지는 것이다.

March

18

아무리 좋은 명당도
개가 앉으면 개자리이고.
아무리 나쁜 흉당도
대인이 앉으면 명당이다.

March

19

**진정 나를 사랑하고 귀하게 여길 때,
상대도 존중하고 귀하게 여길 수 있다.**

사회를 위해 살면 사회가 보이고,
상대를 위해 살면
상대에게 필요한 지혜가 나온다.

장사치는 물건을 팔고,
기업인은 인재를 운용하며,
사업가는 사람을 널리 이롭게 한다.

March

22

**상대의 잘못된 습관이 보이는 것은
나를 공부시키기 위함이다.**

윗사람은 아랫사람을 미워해서는 안 된다.
미워하면 그 사람을 이해할 수 없고
이해할 수 없으면 다스릴 수 없다.

March

24

**가장 큰 욕심은
상대를 나의 뜻대로 움직이게 하려는 것이다.**

March

25

외로움은
주변에 사람이 없어서가 아니라
내 할 일을 찾지 못해서이다.

March

26

**해결해야 할 일이 있을 때
냉정함이 아니라
냉철하게 판단해야 한다.**

March

27

**평소에 내가 하는 말이
곧 축원이다.**

March

28

지식인이
돈을 탐하면 무식해진다.
하늘은 무식한 자를 돕지 않는다.

March

29

세상에는 착한 사람도 없고
나쁜 사람도 없다.
단지 그 역할을 할 뿐이다.

March

30

현생의 죄는 죄가 아니다.
단지 원죄만 있을 뿐이다.

인간으로 살면 생로병사生老病死
사람으로 살면 생행복사生幸福死

2장

—

모든 인생의 답은
바른 가르침 속에 들어있다

April

1

**말이 변해 꽃이 되고
말이 변해 독이 된다.**

April

2

꽃은 향으로 말하고,
사람의 향은 말에서 나온다.

April

3

**남을 미워하는 것은
나의 부족함을 보여주는 거울이다.**

April

4

자기 분야에서 최고가 되었다면
다른 분야의 최고를 만날 기회를 얻은 것이다.
이때 상대에게
필요한 말을 해줄 수 있어야 한다.

**대화는
나 자신이 아닌
상대를 위해 해야 한다.**

April

6

영약은 사람의 마음을 움직여
세상을 변화시키는 신령스러운 것이고,
명약은 단지
몸 하나를 낫게 하는 물질에 불과하다.

April

7

**최고의 영약은
사람의 입에서 나오는 말이다.**

**어려운 자는
절대 남을 도울 수 없다.**

April

9

**내가 너를 위할 때
지혜는 스스로 열린다.**

April

10

지혜는 내가 행하고자 하는 대로 이루어진다.
이것이 지혜의 힘이다.

April

11

**지식은 딱딱한 빵이고
지혜는 부드러운 빵이다.**

April

12

세상에서 가장 어리석은 생각은
먹고살기 위해 일한다는 것이다.

April

13

타고난 기운이 아무리 커도
생각의 질이 낮으면
그 에너지를 크게 쓸 수 없다.

April

14

신은 손이 없어
나의 주머니에 직접 금을 넣어주지 않는다.
대신 금을 가진 인연을 보내준다.

April

15

인연을 보내주는 것은 대자연이지만
그 인연을 운용하는 것은 나의 몫이다.

나의 모순을 상대가 일러주면
상대를 미워하지 말고
오히려 고마워해야 한다.
그래야 내가 성장할 수 있다.

**내가 세상에 필요한 실력을 갖추었다면
아무리 깊은 산속에 처박혀 있어도
어떤 방법으로든 끄집어낸다.**

수준이 다르면 절대 싸움은 일어나지 않는다.
아랫사람과 싸우고 있다면
그와 같은 수준임을 알아야 한다.

April

19

자신을 갖추면
바른 분별력이 생기고
거짓된 정보에 흔들리지 않는다.

대자연은 무슨 일이든 예고 없이 주지 않는다.
대자연이 주는 시그널에는 단계가 있다.
점점 가까이 어떤 일이 보이고 들린다면
나에게 그 일이 올 것임을 알리는
경고임을 알아차려라.

**지금 보고 들리는 모든 환경이
내게 다가올 가까운 미래임을 알아야 한다.**

재주는 돈을 벌기 위함이 아니라
인연을 만나기 위한 방편이다.

April

23

**돈은 활동을 위한 수단이지
목적이 되어서는 안 된다.**

April

24

바른 것을 가르치는 곳이 종교다.
지금까지의 종교는
모두 신앙만 하고 있을 뿐이다.

April

25

**상대가 내 앞에 오는 것은
나의 모순을 일깨워주기 위함이다.**

**3:7의 법칙은
절대 변하지 않는 진리의 법칙이다.**

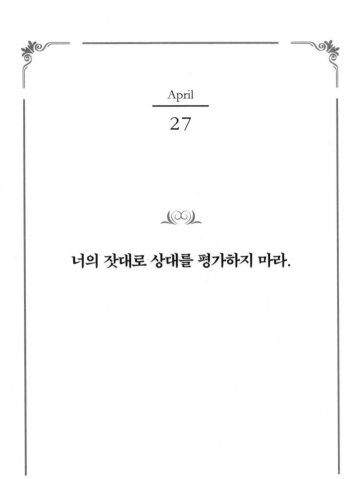

April

27

너의 잣대로 상대를 평가하지 마라.

April

28

세상에서 일어나는
모든 일에는 원인이 존재한다.
어떤 일이든 바르게 정리하려면
그 원인부터 찾아야 한다.

평소에 하는 말과 행동이
지금의 너를 만들고
남이 너를 어떻게 보느냐가
정확한 너의 모습이다.

April

30

최고의 독이 최고의 약이 된다.

May

1

**상대를 위한 진정한 도움은
바른길을 가도록 이끌어주는 것이다.**

나라를 걱정하는 사람이 나라의 주인이다.
인류를 걱정하는 사람이 인류의 주인이다.
불평불만만 하는 사람은
나라와 인류의 주인이 될 자격이 없다.

May

3

서로를 위하면 길이 보이고,
미워하고 의심하면
결코 길이 보이지 않는다.

May

4

작은 일을 하찮게 여기지 마라.
작은 일을 바르게 함으로써
큰일이 저절로 이루어진다.

먼저 즐겁고 재미있는 일을 찾아라.
즐거움을 찾고 나면
어려움도 저절로 해결된다.

May

6

인간은 모든 에너지를
눈으로 먹고, 귀로 먹어
말이라는 제품을 입으로 내놓는다.

May

7

어제 당신이 보고 들었던 것을
답으로 고착시키지 말고
오늘 상대를 만났으면 오늘의 말을 들어라.

May

8

갖추지 못한 자가 하는 말은
무서운 올가미가 되지만
갖춘 자가 하는 말은
세상에 빛나는 보석이 된다.

상대를 존중하지 못하면
상대의 힘을 나누어 쓸 수 없다.

May

10

사람에게는 시간이 최고 값진 에너지이다.

May

11

지금 상대가 미워 보인다면
나의 실력이 모자란 것이다.

May

12

남을 미워하는 것은
내 멋대로 하고자 하는 욕심에서 비롯된다.

May

13

'고집'이라는 단어는 있어도
'고집부리는 사람'은 없다.

May

14

대한민국에 노동자는 없다.

May

15

묵언은 입을 다무는 것이 아니라
내가 옳다고 주장하지 않는 것이다.

May

16

**인연은 자연에서 주는 것이고
가족은 내가 만들어 가는 것이다.**

May

17

**부모 자식은 혈육의 인연일 뿐,
서로를 위한 노력이 없다면
가족이 될 수 없다.**

나의 똑똑함으로
어떤 논리가 맞다고 결론 내리면
그 자리에 멈추어 더 이상 발전하지 못하고
똑똑한 고집쟁이가 된다.

May

19

**나 혼자 산다면 나의 답이 맞지만,
상대가 있다면
상대에 맞게 답이 변할 수 있다.**

내가 접하는 모든 모순은 나의 공부이다.
그 모순이 '맞다, 아니다.'
분별하려고 들지 마라.

낮춤과 겸손은 다르다.
낮춤은 내가 약한 것이고,
겸손은 상대를 존중하는 것이다.

May

22

**자연의 법칙을 이해하면
스스로 지혜로워진다.**

May

23

**너의 상태를 정확히 알려주기 위해
너를 시험할 사자使者가 온다.**

May

24

내 것이라고 소유하지 말라.
이 세상에 내 것은 단 하나도 없다.
단지 사회의 것을 관리하고 있을 뿐이다.
이것이 바른 무소유 공부다.

May

25

**세상의 어떤 것도
내 것이라 하면 뺏기지만,
우리 것이라 하면 함께 쓸 수 있다.**

건물도, 경제도, 재주도
모두 인연을 주기 위해 있는 것이다.
그 인연을 운용하는 것은 너의 몫이다.

May
27

한 사람의 기쁨이 백 명의 기쁨이 되고,
한 사람의 고통이 백 명의 고통이 된다.
대한민국과 인류는
일당백으로 연결되어 있다.

힘들고 어려울 때 찾아가는 곳이 종교다.
종교는
사람들이 어려워진 이유를 연구해야 한다.

May

29

잔소리는 상대를 이해시키지 못하는 말이다.
그러므로 아무짝에도 쓸모가 없다.

May

30

아부도, 거짓말도 실력이다.
무엇이든 방편으로 활용하는 사람이
지혜로운 사람이다.

May

31

물질로 남을 돕는 것은
공부 비용을 지불하는 것이다.
남을 돕는다는 자만심을 갖지 마라.

June

1

**고집. 멸도
고집부리면 멸하고 망한다.**

June

2

지식인들이여!
손톱 밑에 가시가 아프다고 말하지 말라.
누군가의 희생으로
그 자리에 있음을 알고
그들의 아픔을 살피는 사람이 되어라.

June

3

내 실력은 상대를 대할 때 드러난다.

June

4

화내는 것은 쌓인 감정을 터뜨리는 것이고,
혼내는 것은 상대를 위해
자신의 혼을 쏟아내는 것이다.
내가 아닌 상대가 그것을 정확히 분별한다.

June

5

**상대가 기분 나쁘다면 화를 낸 것이고,
기분 나쁘지 않다면 혼낸 것이다.**

June

6

말은 인간이 생산할 수 있는
가장 강력한 에너지이다.

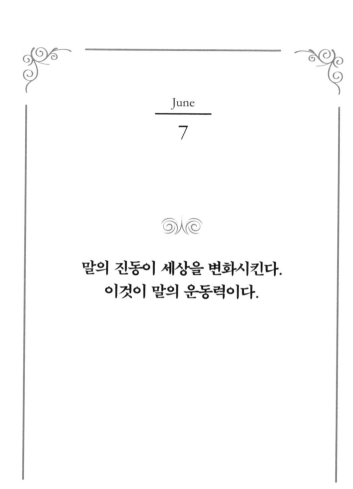

June

7

말의 진동이 세상을 변화시킨다.
이것이 말의 운동력이다.

**명상할 때 떠오르는 잡념을 막지 마라.
그것은 대자연이 주는 선물이다.**

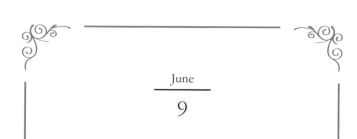

June

9

큰 뜻을 품은 자만이
대자연의 기운을 받을 자격이 있다.

June

10

산은 우리에게 힘을,
바다는 지혜를 준다.

검사와 도둑의 기운은 같다.

June

12

**영혼이 맑고 깨끗해지면
육신은 스스로 건강해진다.**

가장 큰 원수는
가장 사랑스럽게 다가온다.

군자는 대자연과 사람을 존중함으로써
공인公人의 길을 걷는다.

June

15

공인은 직업이 없다.
삶 그 자체로 사회를 위해 존재한다.

June

16

겸손은 내공의 척도이다.

June
17

신용은 돈보다 값진 에너지이다.

June

18

환자는 말이 없다.
병이 생긴 원인을 반성하고
자신의 잘못을 찾아내는 것이 근본 치료다.

**수천 년 전 석가와 예수에 머물러 있다면
인류의 미래는 없다.**

June

20

사람이 갖추면 쓰지 못할 연장이 없고,
갖추지 못하면 쓸 수 있는 연장이 없다.

June

21

세상에 비밀은 없다.
입 밖에 나오는 순간
더 이상 비밀이 아니다.

June
22

**착하게 살지 말고
바르게 살아라.**

June

23

**남의 일에 간섭하지 마라.
너만 잘하면 된다.**

June

24

분별없이 상대의 말을 깨끗하게 받아주었을 때
마음이 움직여 지혜의 답이 나온다.

June

25

실패한 사람의 조언은 절대 듣지 마라.
똑같이 실패한다.

결혼은 음과 양이 만나
한 생을 이루어가는
인생 동업이다.

June

27

잘생긴 외모는
큰일 하라고 하늘이 내려준 것이다.

미인박복.
미인은 노력 없이도 큰 인연을 얻지만,
그 인연을 잘못 대하면 삶이 불행해진다.

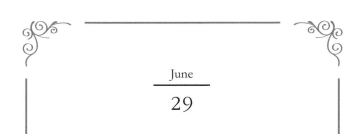

June

29

사주대로만 살았다면 실패한 인생이다.

June
30

사주는 인생의 30% 밑그림이다.
나머지 공백을 노력으로 채워
한 폭의 멋진 그림으로 완성하는 것이
인생이다.

3장

어떤 가르침을 듣는가에 따라
나의 성공이 달려 있다

July

1

**용기의 근원은 앎에 있다.
바르게 알면 두려움이 없다.**

무슨 일이든
즐겁게 하면 운동이 되고
억지로 하면 노동이 된다.

July

3

**재주가 좋으면 인기를 얻지만
존경은 받지 못한다.**

**할 일 없이 오래 사는 것은
축복이 아니라 천벌이다.**

July

5

남의 재주를 탐하지 마라.
남의 것만 탐하면
나의 것이 보이지 않는다.

재주를 받지 않고
세상에 온 사람은 한 명도 없다.
다만 내게 대자연이 준 재주가
무엇인지 몰라서
바르게 쓰지 못할 뿐이다.

July

7

**직장을 구할 때는
돈을 흥정하지 마라.
할 일을 구하라.**

잘못을 깨닫지 못하는 자는
절대 어려움에서 벗어날 수 없다.

진정한 유산은 재산이 아니라
이념을 물려받는 것이다.

July

10

**상대를 이해시킬 수 없다면
입을 열지 마라.**

July

11

**내 앞에 준 것도 다 쓰지 못하고
하느님께 무엇을 도와달라고 하는가.**

상대를 깨우쳐 주는 것보다
더 큰 행行은 없다.

July

13

묻지 않은 자에게 답을 주지 마라.
묻는 것에만 겸손하게 대답하라.

July

14

지옥은 스스로 묶인 집착으로 만든 것이다.

나이가 많고 지위가 높다고
무조건 윗사람은 아니다.
나를 위하는 사람이 윗사람이고,
내 인생에 도움이 되는 사람이 윗사람이다.

내가 갖춘 힘도, 지식도,
남을 위해서 쓸 때만이
빛이 나는 것이다.

잘못을 깨우쳐 진심으로 흘리는 눈물은
뭉쳐있던 탁한 기운을 녹여,
몸을 정화시키고 병을 낫게 한다.

**칭찬은 위에서 아래로 하지만
존경은 아래에서 위로 한다.**

돈은 에너지이다.
에너지를 모아놓고 순환시키지 않으면
너를 치고 나간다.

지식은 개인의 것이 아니라
인류의 자산이므로
세상을 위해 써야 비로소 선지식이다.

기업은 이념이 있어야
인재들이 몰려온다.
인재들은 오직 이념에 따라 움직인다.

노는 날이 아니라
쉬는 날이 되어야 한다.

July

23

**출생을 늘리려는 고민보다
자살을 줄이려는 연구가 먼저다.**

공부하는 사람은 자연이 스스로 보살핀다.
자신의 환경 안에서 최선을 다하라.

인연을 준다는 것은
나의 모자람을 채워주려는 것이다.
다가오는 인연에게 정성을 다하면
내게 필요한 것은 다 오게 되어 있다.

바른 교육을 받은 사람은
상대를 무시하지 않고
나를 앞세우지 않는다.

나 자신이 편안한 것은
잘되기 위한 기운이 돌고 있음을
마음 에너지가 알려주는 것이다.

질량 있는 말 한마디가
세상을 바꾼다.

**뿌리가 건강해야
나무 둥지와 가지가 건강하다.
대한민국은 인류의 뿌리다.**

**양보는 없다.
양보하는 것은 너의 실력이 없는 것이다.**

교육이 안 된 자가
높은 자리에 있으면 갑질을 하게 된다.
착각하지 마라.
자리가 높은 것이지
당신이 높은 것이 아니다.

August
1

**결혼했다고 일심동체가 아니라
서로를 위한 노력이 70%가 되어야
비로소 일심동체가 된다.**

August

2

부부가 일심동체가 되었을 때
하늘도 그들 사이를 갈라놓을 수 없다.

August

3

**내 것이라고 소유하려고 들면 다 빼앗긴다.
이 원리는 부부관계에도 적용된다.**

August

4

결혼했다고 다 부부가 되는 것이 아니다.
결혼은 부부로 성장하기 위해
서로 노력하겠다는 약속이다.

August

5

**사회생활을 하며 막힘이 있을 때
지혜로운 대화로
그 막힘을 풀어줄 수 있어야 한다.
이것이 진정한 내조다.**

August

6

식사는 서로의 에너지를 교류하기 위한 자리다.
의미 없는 식사 자리는 피해야 한다.

August

7

기회를 놓친 것은 실력이 없기 때문이다.
실력이 있다면
기회는 스스로 오게 되어 있다.

굳이 좋은 음식을 찾으려 하지 마라.
마인드가 높으면,
좋은 인연과 좋은 음식이 함께 온다.

August

9

먹는 것의 원리를 풀면 세상이 풀린다.
식탁에 그 나라의 모든 이치가 다 들어있다.

August

10

**아이가 자라면서
접하는 사람들과 환경이
그 아이의 미래를 결정한다.**

**지금은 사람이 주인인
인본시대人本時代이다.
하늘에 빌고 땅에 빌던
시대는 지나갔다.**

August

12

**큰 부자는 큰 생각을 하고,
작은 부자는 작은 생각만 한다.**

August

13

**억지로 행하지 마라.
공부는 갖춘 만큼 스스로 되는 것이다.**

August

14

동물과 인간이 다르듯이
인간과 사람도 다르다.
우리는 인간에서 사람으로 성장하여야 한다.

**헤어진다는 것은
서로 면접을 잘못본 것이다.**

**헤어지는 데에 필요한 조건이 있다면
어떤 대가라도 지불해야 한다.**

인연이 끊겼다면
나를 갖추는 시간을 가져야 한다.
나의 모자람을 채우고 나면
만나야 할 사람은 다시 만나게 된다.

August

18

**사기꾼을 탓하지 마라
사기꾼은 하느님의 최고의 일꾼이다.**

August

19

어려워진 사람은 남의 말을 잘 들어라.
입은 닫고 귀를 열어 많은 것을 들으면,
그것이 전부 영약靈藥으로 변해
나를 소생시킨다.

August

20

**인류 평화를 이루어 내려면
이념 통합이 일어나야 한다.**

고기 잡는 법만 가르치면
평생 고기만 잡아먹고 산다.

August

22

**똑똑한 사람일수록 상대를 모른다.
상대의 말을 듣지 않기 때문이다.**

여성은 양적인 일을 하는 게 아니라
지적인 일을 할 때 더 아름답다.
이를 여성 상위 시대라고 한다.

August
24

**다이어트가 되려면
정신이 살아 있어야 한다.**

August

25

똥 무서워 피하면
정확하게 된똥 만난다.

**이 세상에 온 것은
내가 해야 할 일을 하기 위해 온 것이지
자식을 낳기 위해 온 것이 아니다.**

저축보다 너의 질적인 성장에 투자하라.

August

28

**돈을 존중하면 돈이 오고
사람을 존중하면 사람이 온다.**

대접받는 것을 좋아하지 마라.
대접받은 만큼 일을
제대로 하지 않으면 화가 반드시 따른다.

August

30

하느님을 믿지 말고 알아야 한다.
신을 제대로 알면
빌고 매달리는 신봉자가 되지 않는다.

이름은 단순한 호칭이 아니다.
이름이 곧 부적이다.
그 이름에 걸맞은 삶을 살아야 한다.

**선생은 지식을 가르치고,
스승은 진리를 가르친다.**

September

2

**로마에 가면 로마의 법을 따라야 한다.
따르기 싫다면 로마에서 빨리 나와야
내 인생에 도움이 된다.**

신앙은 있어도
종교는 나오지 않았다.

**직장은 먹고살고자 가는 곳이 아니라
성장하기 위해 가는 사회 학교이다.**

착하게 살면 사기꾼이 따르고
상대를 사기꾼으로 만드는
훌륭한 재료가 된다.

배운 사람이 남에게 당하는 것은
자신의 똑똑함만 믿고
실력을 갖추지 못했기 때문이다.

바르지 못한 것은
반드시 화로 돌아온다.

September

8

**인간에게 중요한 것은
육신의 면역이 아니라 영혼의 면역이다.**

September

9

중독은 그것보다 더 재미있고
좋아하는 일이 없어 일어나는 것이다.

September

10

상대의 말을 잘 경청해야
나에게 필요한 에너지가 들어온다.
그렇다고 그 말을 그대로 행할 필요는 없다.

September

11

**이사는 새로운 인연과 환경을
접하기 위해 움직이는 것이다.**

사고는 삿된 기운이
고도로 뭉쳐 나를 치는 것이다.
사고가 일어나기 전에
나를 갖추고 성장시키면
사고를 능히 피할 수 있다.

September

13

**좋아하는 것은 좋아하는 것일 뿐,
사랑이라고 착각하지 마라.**

세상의 어떤 것도 함부로 보지 마라.
보이고 들리는 모든 것이 너의 공부이다.

September

15

**이념을 가졌다면 성장하게 하고.
이념을 놓았다면 성장을 멈추게 한다.**

여행은 그 지역을 공부하러 가는 것이지
관광하러 가는 것이 아니다.
관광은 덤이다.

똑똑한 사람은 주장하고,
실력 있는 사람은 의논한다.

영업은 영적인 업을 말한다.
죄가 많아 업을 갚기 위해
많은 사람을 대하고 있는 것이다.

영업은 이득을 취하러 나오는 것이 아니라
업을 갚으러 나오는 것이다.
이를 바르게 하면 경제는 저절로 따라온다.

September

20

**영업장을 열었다면
사람부터 존중해야 한다.
사람을 존중하면 사람이 온다.**

September

21

서로를 존중하라.
어떤 관계든 서로 존중하지 않으면 헤어진다.
존중하고 살면 경제가 어려워지지 않고
절대로 헤어질 일도 없다.

답을 알고도 헤매는 법은 없다.

September

23

**사기 치는 사람보다
사기당한 사람이 더 아프다.
누가 환자인가?**

September

24

완벽 추구는 시간 낭비이다.
이 세상에 완벽이란 있을 수 없다.

좋은 음식을 먹었다면
좋은 음식의 가치만큼
질량 있는 일을 해야 한다.

세상에 우리가 필요한 것은 뭐든지 있다.
우리가 맑지 못하면
보지 못하고, 얻지 못하고, 쓰지도 못한다.

**세상은 모두 다 너희들 것이다.
욕심내지 말고 쓸 줄 아는 사람이 되라.**

September

28

주장하지 마라.
주장이란 내가 모자랄 때
밀어붙이는 나쁜 버릇이다.

September

29

**관계가 나빠진 이유는
경제 때문이 아니라
말이 통하지 않기 때문이다.**

**잘못된 습관을 바꾸려면
100일 동안 노력해서
뇌의 인지를 바꾸어야 한다.**

4장

자신의 실력을 키우는 사람은
반드시 성공이라는 이름을 부른다

1

**욕심을 내면서
한꺼번에 계단을 오르려고 하니
눈앞의 한 계단이 보이지 않는 것이다.**

하늘이 아무리 대단한 능력을 주었어도
내가 실력이 있어야 그것을 잘 쓸 수 있다.

내가 생각을 일으키는 것은 내 생각일 뿐,
그 생각이 상대에게는 답이 아님을 명심하라.

October

4

묻지 않은 자에게 답을 주지 말고,
도움을 요청하지 않는 자에게
도움을 주지 마라.
아무리 좋은 의도라도
괜한 간섭이 되어 분란이 된다.

October

5

**기업 대표의 진정한 역할은
직원들이 지적으로
성장할 수 있게 해주는 것이다.**

October

6

일당 받는 사람은 하루 안에,
월급 받는 사람은 한 달 안에,
연봉 받는 사람은 일 년 안에,
임직원은 3년 안에 성과를 내야 한다.
성급하게 성과를 욕심내면 부작용이 생긴다.

October

7

내 말이 옳다고 주장하지 마라.
말은 내가 하지만
판단은 상대가 하는 것이다.

앞으로는 침략 흡수가 아닌
덕치德治로써
국가를 열어야 한다.

세계 사회 부모 기구를 통해
덕치로써 인류를 이끌 수 있도록
가장 먼저 대한민국이 앞장서야 한다.

1차 어려움이 왔을 때는 매달려도 되지만
다시 어려움이 왔다면
어려워진 이유를 찾아야 한다.

감사한 마음으로 받은 에너지는
그 무엇이든 정화가 되어
나의 탁한 생각이나
정체된 에너지를 순환시켜 준다.

과거를 살았던 부모의 생각으로
미래를 살 자식의 인생을 간섭하면
자식의 인생을 망칠 수 있다.

한 번 들어온 정보는
절대 지워지는 것이 아니다.
새로운 것을 얻기 위해서는
일단, 나의 논리를 먼저 내려놓아야 한다.
이것이 바로 '비움'의 참뜻이다.

내가 지은 죄업은 석가나 예수에게
아무리 빌어도 사라지지 않는다.
남을 위해 덕행德行할 때만이 소멸된다.

October

15

생각이 바르면
집안일만 하더라도 운동이 되고,
생각이 바르지 못하면
건강을 위한 어떤 운동도
아무런 소용이 없다.

태양이 빛으로 세상을 밝히듯,
홍익인간은 지혜로서
사람을 널리 이롭게 해야 한다.

삼재三災 시기에는
나를 찾아오는 모든 사람들에게
무조건 겸손하라.
겸손의 미덕으로 생긴 에너지로 인해
나를 한층 더 성장시키는 힘이 된다.

어떤 것도 주저하지 말고 폭넓게 공부하라.
세상을 알면 아는 만큼 너의 힘이 되고
세상을 모르면 모르는 만큼 무서워진다.

October

19

사람의 길은 생행복사生行福死에 있다.
생生은 태어나는 것이요
행行은 덕을 베푸는 것이고
복福은 행복을 누리며
사死는 존경받는 삶으로 마무리하는 것이다.

October

20

우리가 가진 지식과 재주는
공유할 때 더 큰 가치를 발휘한다.

내가 해야 할 일을 하고 있는 사람은
건강뿐만 아니라 경제도
절대 어려워지지 않는다.

October

22

사람들과의 모임은 무엇을 나누느냐에 따라
학교도 되고, 술판도 된다.

October

23

생일은 단순히 축하받는 날이 아니다.
생일이 들어 있는 달에는
내가 왜 태어났으며
무엇을 위해 살아가고 있는지를
깊이 되돌아보아야 한다.

지식인은 펜 한 자루로
사회의 잘못을 바로잡을 수 있다.
지식인이 힘으로 대항하는 것은
무식한 짓이다.

이렇게 살던, 저렇게 살던,
어차피 시간은 간다.
어떤 생각을 하며 사는가에 따라
삶의 질도 달라진다.

October

26

**모든 국민이 자기 자리에서
노력한 결과가
오늘의 대한민국이다.**

October

27

삼재는 나의 모자람을 갖추어야 하는 시기이다.
갖추어야 할 시기에 날뛰면
도리어 화를 입는다.

관심은 상대와의 의논을 통해 표현되고,
간섭은 자신의 의견을 강요하며
상대를 제재하는 것이다.

October

29

말로 표현하지 않으면
자신 안에서 갑갑함이 쌓여
자신도 모르게 환자가 된다.

이 세상에는 다양한 삶의 방식이 존재하며
그 모든 것은 세상에 필요하기에
존중해야 한다.

알고 했던 모르고 했던
상대에게 준 상처는 쌓여 반드시 화로 돌아온다.
인간의 모든 말과 행동은
대자연에서 사라지지 않는다.

November

1

불안감은 무엇인가 잘못 처리한 부분이
화로 돌아오고 있는 것을
마음에너지가 알려주는 신호이다.

사회를 위한 작은 행이 모여 큰 힘을 얻고
그 힘이 확장되어
사회에 더 큰일을 할 수 있다.

November

3

베이비부머 세대가 이루어 놓은
현재의 환경에 감사하며,
우리는 그 환경을 발판으로
더 나은 미래를 열어갈 수 있도록
노력해야 한다.

November

4

제자는 누구든지 선생보다 월등하다.
선생은 과거에 배운 지식을 주입하지만,
제자는 그 지식을 바탕으로 발전하며
미래를 사는 사람이다.
이것이 청출어람이다.

November

5

지식을 갖추었다면 스승을 찾아야만 한다.
스승을 만나지 못하면 지혜를 열지 못한다.

November

6

미래와 과거는 놔두고 오늘을 살라.
과거의 것을 모두 모아서
정리하려고 온 것이 오늘의 '나'이고,
오늘의 '나'를 잘 다스렸을 때
비로소 미래가 열리게 된다.

November

7

사람은 바르게 걸어야 한다.
걸음걸이만으로도
그 사람의 건강과 품성, 질량을
가늠할 수 있다.

November

8

**나의 못남을 알아차리고
인정하는 것이 깨달음이고,
바른 공부의 시작이다.**

November

9

**나의 환경이 힘들고 어렵다면
그 환경은 다른 누군가가
만들어준 것이 아니라,
나 자신이 스스로 만든 것이다.**

November

10

**몰랐던 것을 바르게 알기 시작하면
갑갑함이 사라지고,
어려웠던 환경이 좋아진다.**

November

11

**대자연은 에너지를 줄 때
반드시 사람을 통해 준다.**

November

12

**너의 답이 맞다고 하는 순간,
너는 답을 결코 찾을 수 없다.**

November

13

수행을 목적으로 산에 들어간 자와
자연 속에서 스스로 깨달음을 얻은 자는
그 깊이와 격이 다르다.

November

14

대한민국의 청춘들이여!
너희들은 결코 아파서는 안 된다.
청춘은 미래를 준비하며 성장하는
소중한 시간이다.

November

15

이 시대를 살아가는 우리는
자살하는 이들에 대한 책임에서
결코 자유로울 수 없다.

November

16

주는 환경을 처리할 수 없는 것은
나의 갖춤이 부족하기 때문이다.

November

17

내 앞의 인연 뒤에
어떤 인연이 있을지 모른다.
진짜 만나야 할 인연은
내 앞에 있는 사람을 통해 온다.

November

18

계획을 미리 세우면 될 일도 안 된다.
먼 미래의 계획보다
3일간의 계획부터 세워라.
성장한 척도에 따라 보이는 것이 달라진다.
내 눈에 보이던 것이 다르게 보이는 때가
내가 진짜로 달라진 것이다.

November

19

30대까지는 자연의 도움으로
공부하는 시기이고,
40대에는 주어진 환경을 잘 활용하고 있는지
시험 치는 시기이다.
50대부터는 '자신의 인생'을 살아야 한다.

November

20

과학은 존재하는 것을
탐구하고 활용하는 것이기에,
인간의 성장에 비례하여
지금도 발전하고 있다.

November

21

묻지도 않은 말을 하는 것은 잔소리이고
물었는데 답을 못하는 것은
실력이 없는 것이다.

November

22

**지금 세상은 지혜로 이끄는 시대이지
힘으로 이끄는 시대가 아니다.**

지식은 습득하는 것이고,
교육은 받는 것이다.
자연의 이치에 맞는 가르침이 바른 교육이다.
교육은 스승으로 온 자만이 시킬 수 있다.

November

24

기업의 성공은 3대에 걸쳐 일어난다.
1대는 하늘의 힘을 받아 진로를 놓았고,
2대는 1대가 내려주는 힘을 받아 팽창하였고,
지금은 3대가 지혜로 운용해야 하는 시대이다.

November

25

자신의 위치만큼 실력을 갖추지 못했을 때
다시 제자리에 갖다 놓는 것이 슬럼프다.
슬럼프가 왔다면 비관만 할 것이 아니라,
다시 나를 갖추는 공부를 해야만
벗어날 수 있다.

November

26

말은 상대가 하지만
판단하고 행동하는 것은
내가 하는 것이다.

수행하고자 욕심을 낸 자는
절대 깨달을 수 없다.

November

28

돈을 줄 때는 신중하게 주어야 한다.
상대가 돈을 원한다고 해서 돈만 준다면,
상대의 버릇을 나쁘게 해
오히려 뒤통수를 맞게 된다.

November

29

오른뺨을 맞았다면,
왼뺨을 맞지 않을 방법부터 찾아라.

November

30

**똥파리를 없애려면
똥부터 치워라.
그래야 다시 오지 않는다.**

December

1

내가 어리석음에 빠져 있을 때
정신 차리라고
뺨을 때려주는 사람이 귀인貴人이다.

지식인들이 다 성장한 이때에
나라 꼴이 왜 이렇게 되었겠는가.
지식을 갖춘 사람들이
자기 할 일은 하지 않고
돈을 벌고자 하기 때문이다.

경제를 가진 사람은
경제를 가지고 있어야 하고,
지식을 가진 사람은
지식을 가지고 있어야 한다.
이렇게 되어야 세상의 질서가 맞다.

December

4

**좋은 것,
기쁜 것,
즐거운 것,
행복한 것은
다르다.**

기분이 좋은 것은
좋았다가 말았다가 요동치지만
행복은 아니다.
행복은 영혼이 되어서까지도 지속된다.

December

6

대한민국이 정체된 이유는
지식인들이 그들만의 상식을 만들어서
젊은이들에게 답이라고 강요하기 때문이다.

December

7

말에는 책임과 의무가 따른다.
입이 있다고 함부로 떠들지 마라.

간단명료하게 말하라.
쓸데없는 말을 많이 하면 핵심이 흐려진다.

말 잘하는 사람은
말재주가 있는 것이지
실력이 있는 것은 아니다.

**상대를 이해하고,
이해시키는 능력에 따라
대화의 깊이가 달라진다.**

**공적인 삶을 살고자 할 때
국민과 나라를 위하는 공인公人이 된다.**

사람이 왜 사느냐?
나의 사상을 펼치기 위해 산다.
교육을 받아 인성을 갖추어
사상이 바르게 세워지면,
그것을 세상에 펼치고 가는 것이
사람 사는 근본이다.

December

13

인성을 갖춘다는 것은
자신의 위치에서
자신의 일을 제대로 할 수 있도록
'나'를 갖춘다는 것을 뜻한다.

말할 때는 상대의 근기를 아는 것이 중요하다.
거지가 오면 거지에 맞게,
임금이 오면 임금에 맞게 말하라.

태산 같은 이름을 짊어지고
소인배로 살면
그 이름에 짓눌리고 치인다.

내가 맑아지면 탁한 기운은 떠나게 된다.
몸에 있던 아픔도 탁한 기운이니
그것 또한 없어지게 된다.

December

17

**냉철함 속에는
진정으로 상대를 위하는 마음이 들어 있다.
인정을 베풀기보다는
냉철함으로 상대를 대하라.**

한 사람이 나를 믿고 따른다면,
두 사람을 다스릴 수 있는 힘이 생긴다.

알아야 바꿀 수 있다.
무조건 노력한다고 고쳐지는 것이 아니라,
공부해서 알게 되면 스스로 바뀌고
바른 분별력이 생긴다.

재미도 없고 답답한데
좋은 일이 온다고?
그런 법은 절대 없다.

**부부간의 진정한 내조는
서로 말이 통해야 한다.**

사람 공부는
인생에서 가장 중요한 공부이다.

'선한 사람', '악한 사람' 구별 짓지 마라.
나를 공부시키기 위해
내 앞에 사람을 갖다 놓은 것이다.

힘이나 재주로 사람을 끌어모았더라도
존경받지 못한다면 성공한 것이 아니다.
내 앞에 온 사람들에게
존경받을 때 비로소 성공한 것이다.

December

25

한자리에 3년 이상 머물지 마라.
변화가 없으면 발전도 없다.

올바른 책 한 권이 세상을 바꾼다.

무슨 일이든 내가 어려워졌다면
그 원인은 분명 나에게 있으니
그 이유를 찾아야만 한다.

**책사는 주군을 모시지만,
스승은 주군을 모시지 않는다.**

팽창할 때는 책사로 가능하지만,
운용할 때는 스승이 필요하다.

**세계 문화가 대한민국의 문화를 키웠다.
앞으로 대한민국은
인류를 위해 최선을 다할 것이다.**

너의 살아온 흔적을 기록하고 남겨라.
그것이 세상에 거름이 될 때
진정 이름을 남기는 것이다.